QUESTIONS

1 Quel animal pond des œufs ?

- A Le saumon.
- B Le hérisson.
- C Le mouton.

2 Quel insecte butineur a une longue trompe ?

- A L'abeille.
- B Le moro-sphinx.
- C Le bourdon.

QUESTIONS

1 Quel fruit existe vraiment ?

- A La fraise des rois.
- B La fraise des bois.
- C La fraise des lois.

2 Quelle fleur offre-t-on le 1er mai ?

- A De la capucine.
- B De la lavande.
- C Du muguet.

QUESTIONS

1 Quel est l'autre nom de l'hirondelle rustique ?

- A L'hirondelle de cheminée.
- B L'hirondelle de fenêtre.
- C L'hirondelle de porte.

2 À quel âge les bébés hirondelles apprennent à voler ?

- A À 3 jours.
- B À 3 semaines.
- C À 3 mois.

RÉPONSES

1 A L'hirondelle rustique s'appelle aussi l'hirondelle de cheminée. Elle fabrique son nid sur les murs de ferme, les granges ou sous les toits des maisons… Tout près des cheminées ! L'hirondelle de fenêtre existe aussi, mais c'est une autre espèce.

2 B Les bébés hirondelles, appelés aussi les hirondeaux, volent à l'âge de 3 semaines. Quand leurs plumes ont enfin poussé, ils sont prêts à décoller.

RÉPONSES

1 B La fraise des bois existe bien. Ronde, rouge et sucrée, tu peux la cueillir dans les bois, comme son nom l'indique. Mais demande toujours la permission à un adulte avant.

2 C Le 1er mai, tu peux offrir du muguet ! Cette plante est facile à reconnaître avec ses jolies clochettes blanches. Cueilles-en quelques brins lors d'une balade en forêt.

© *Petite Salamandre* n° 59,
illustrations : Élise Garcette.

RÉPONSES

1 A Le saumon pond des œufs, comme presque tous les poissons. C'est le cas aussi des oiseaux, des reptiles (tortue, serpent, lézard…), des amphibiens (grenouille, crapaud…) et de la majorité des insectes.

2 B Le moro-sphinx a une longue trompe. Il la déroule pour aspirer le nectar des fleurs, comme avec une paille.

© *Petite Salamandre* n° 59,
illustrations : Élise Garcette.

S·O·M·M·A·I·R·E

Avril mai 2025

N° 59

+ TON SUPER POSTER !

à colorier

à admirer

P'TIT + WEB petitesalamandre.org

Ce logo indique qu'une surprise t'attend sur le site !

DRÔLES D'ŒUFS

AU PRINTEMPS, BEAUCOUP D'ANIMAUX PONDENT DES ŒUFS,
et pas seulement les oiseaux. Formes, couleurs et tailles différentes : Sam te les fait découvrir !

ŒUFS DE COCCINELLE

Tout jaunes, tout petits, tout serrés sur une feuille.

ŒUFS DE CYGNE

Wouah, qu'ils sont gros : ils font 11 centimètres de haut !

ŒUFS DE TORTUE

La maman a pondu ses œufs au bord de l'étang, dans la terre. Elle ne les couve pas.

ŒUFS DE SAUMON

Ce poisson remonte les rivières à l'envers pour pondre où il est né. Des centaines d'œufs !

ŒUFS DE GRENOUILLE

Ils flottent dans l'eau de la mare.
Bientôt, des têtards en sortiront.

ŒUFS DE MERLE

La merlette a pondu 6 œufs : oh, 3 ont éclos !

LA PIEUVRE

Mystère sous la mer

Aujourd'hui, Sam la petite salamandre enfile une combinaison de plongée, un masque et un tuba, pour observer la vie sous l'eau : poissons, oursins, algues... Oh, un petit rocher se met à bouger !

T'es qui toi ?

La pieuvre. Ça fait longtemps que je t'observe, bien camouflée.

Moi, c'est Sam. Tu es la reine du cache-cache.

Je peux changer la couleur de mon manteau : orange, beige, rose, gris, bleu... Je me fonds parfaitement dans le décor.

C'est un bon moyen de défense…

Oui ! Et si un prédateur, dauphin ou murène, me repère quand même, je crache un liquide noir comme de l'encre. Impossible de me voir. Et hop, je m'enfuis.

Tu dois nager vite avec tous ces bras.

Ce sont mes 8 tentacules. Je peux me propulser, sauter hors de l'eau, et même ramper sur le sable des fonds marins.

Ils ont l'air recouverts de… ventouses !

C'est bien ça ! Pratique pour attraper mes proies : crustacés, mollusques et petits poissons.

Tu es vraiment un animal extraordinaire !

J'ai encore plein de secrets. Viens, allons nager : je te raconterai tout.

Illustrations : Clara Super Duper.

GOÛTER FLEURI

Aide la marmotte à rejoindre l'entrée de son terrier.
Par quel chemin doit-elle passer pour manger le plus de pissenlits ?

MILLE ET UNE PATTES

Tous les insectes ont 6 pattes. Entoure les intrus.

AU SOLEIL

Quelle est l'ombre du lézard qui se chauffe au soleil ?

DEVINETTE

Qui porte un masque noir sur ses yeux ?

☐ *Le raton laveur* ☐ *Le raton nageur*

Solutions p. 33

Jeux

AU JARDIN BOTANIQUE

Perrine et sa famille visitent le jardin botanique. Compte les animaux autour d'eux.

Illustrations : Maria Neradova.

rendezvousauxjardins.culture.gouv.fr
rendezvousauxjardins.ch

Du 6 au 8 juin 2025, visite en famille des jardins extraordinaires !

Classe : Oiseaux
Particularité : oiseau migrateur
Noms : hirondelle rustique
ou hirondelle de cheminée

HIRONDELLE

mon carnet de voyage

**Coucou, moi c'est Hirondelle.
J'ai 4 ans et demi, et je vis entre ici…
et l'Afrique ! C'est très, très loin
en direction du Sud, de l'autre côté
de la mer Méditerranée.
Chaque année, j'y passe l'hiver,
bien au chaud. Puis je reviens, au printemps.
Et justement, pour mes copines et moi,
le grand voyage retour commence.
J'arrive, Sam !**

Un dossier écrit par
Pascale Hédelin.

Taille : 18 cm
(de la tête à la queue)
Envergure : 30 cm
(d'une aile à l'autre)
Poids : 20 g,
comme une lettre
à la poste !

lpo.fr birdlife.ch

Les 24 et 25 mai 2025, participe en famille
au comptage des oiseaux.

MOI, PETITE VOYAGEUSE

Je passe une bonne partie de ma vie dans le ciel… J'adore ça ! Et j'aime aussi :

Ma queue se termine par 2 longs filets.

VOLER VITE !

Je plane, virevolte, plonge et hop, je remonte. Le jour, je vole presque sans m'arrêter. Quand je suis fatiguée, je me perche sur un fil ou une branche.

NOUVELLE TENUE
Cet hiver, j'ai mué : j'ai changé petit à petit toutes mes plumes pour mieux voler !

J'ai soif !

ATTRAPER DES INSECTES

Mouches, moustiques, papillons… miam ! Je les capture d'un coup de bec. Et je bois en volant au ras de l'eau.

VIVRE EN GROUPE

Surtout pendant nos migrations. Ensemble, on est plus fortes pour affronter les dangers et trouver à manger.

Avec mes ailes propres, je vole beaucoup mieux !

ME LAVER

Je lisse mes plumes pour les nettoyer. Elles sont bleu foncé dessus, blanches dessous. J'ai une tache rouge sur le front et la gorge.

LES TEMPÉRATURES DOUCES

C'est pour ça que je passe l'automne et l'hiver en Afrique : il y fait plus chaud et j'y trouve facilement à manger.

JE N'AIME PAS :

- × La pluie et les tempêtes.
- × Mes prédateurs : les chats et les faucons.
- × Les pesticides, des produits chimiques, qui tuent les insectes.

MA GRANDE AVENTURE

Chaque année, je migre. 2 grands voyages, pleins de dangers. Maintenant, c'est la fin de l'hiver : l'heure de rentrer en Europe !

22 FÉVRIER LE GRAND DÉPART

Avant de partir, je picore beaucoup : termites, fourmis volantes, scarabées… Car je vais voler très longtemps. C'est le départ. Nous nous envolons ensemble, tout excitées, vers le Nord.

Mes copines et moi, on se réunit toutes avant le départ.

8 MARS TRAVERSÉE DU DÉSERT

Le Sahara, c'est un désert immense. Nous volons des heures sans nous poser. Le sable est brûlant et il y a très peu à manger ! Nous avançons, malgré la fatigue et les tempêtes de sable.

14 MARS SURVOL DE LA MER

Enfin, la mer Méditerranée !
Nous survolons l'eau pendant de longues heures. Avec les autres hirondelles, on bat fort des ailes ou on se laisse porter par les courants d'air chauds.

L'air devient plus frais :
je suis presque arrivée !

30 MARS L'ARRIVÉE EN EUROPE

Je suis de retour ! Les champs sont verts et les températures plus fraîches. J'ai hâte de rejoindre mon compagnon : il est arrivé quelques jours avant moi.

LONG PÉRIPLE
Je parcours 7 000 km !
Mon voyage dure entre 5 et 7 semaines.

ENFIN DE RETOUR !

La vie d'hirondelle n'est pas de tout repos !
Ici, je vais construire mon nid et pondre des œufs...

Je retrouve enfin mon compagnon !

Je récolte de la boue.

1er AVRIL MAISON DE BOUE

On choisit l'endroit idéal : une grange au calme, à la campagne. On fabrique notre nid avec de la boue et de la paille. En forme de balcon, tapissé de plumes, il est douillet.

4 AVRIL OEUFS DE PÂQUES

Je ponds entre 3 et 6 œufs dans le nid. Je les couve pendant 2 semaines, sans bouger. Mon compagnon m'apporte à manger chaque jour.

LE MARTINET
Il me ressemble beaucoup. Lui ne se pose que pour couver. Même quand il dort, il vole !

Mes petits ont faim !

18 AVRIL **HEUREUX ÉVÉNEMENT**

Nos oisillons sortent enfin de leur coquille. Ils naissent sans plumes et tout fragiles, mais grandissent vite. Nous, les parents, nous partons chercher des insectes à tour de rôle pour les nourrir.

10 MAI **PREMIER VOL**

À 3 semaines, nos hirondeaux ont assez de plumes pour voler. Ensemble, nous allons passer l'été à voltiger et à manger. En septembre, ils seront prêts pour le grand voyage… vers l'Afrique !

P'TIT + WEB petitesalamandre.org
Découvre l'hirondelle en vidéo.

Photos : © Arterra Picture Library – Alamy (p. 18-19), © Agami (p. 18g), © David (p. 18d), © Yerbolat (p. 19) – Adobe.

POTAGER AU BALCON

**Tu as un balcon ou une terrasse ?
Cultiver des fruits et des légumes, même sans jardin,
ce n'est pas si compliqué !**

GARE AUX MOUSTIQUES !

Vide l'eau stagnante dans les soucoupes pour éviter que les moustiques y pondent leurs œufs.

SOUS LE SOLEIL

Il faut au minimum 6 h d'ensoleillement par jour. S'il fait trop chaud, paille la terre.

SEAU

Récupère l'eau de pluie. Arrose quand la terre est sèche, le matin ou le soir.

POUSSINS MIMOSA

À FAIRE AVEC UN ADULTE

IL TE FAUT

- 6 ŒUFS BIO
- 1 C. À S. DE MAYONNAISE MAISON
- OLIVES NOIRES
- SEL ET POIVRE

1. Un adulte cuit les œufs 9 min. Une fois refroidis, enlève les coquilles.

2. Coupe chaque œuf en 2 et retire le jaune.

3. Écrase les jaunes, ajoute mayonnaise, sel et poivre. Mélange bien.

4. Coupe les blancs en pointes. Dispose ton mélange dedans.

5. Découpe les olives pour faire les yeux et les becs puis dresse ton plat.

POISSON D'AVRIL... MUSICAL !

À FAIRE AVEC UN ADULTE

IL TE FAUT

- PLANCHETTE DE CAGETTE
- POMME DE PIN
- COLLE À BOIS
- CISEAUX
- PEINTURES ET PINCEAU
- BÂTON

1

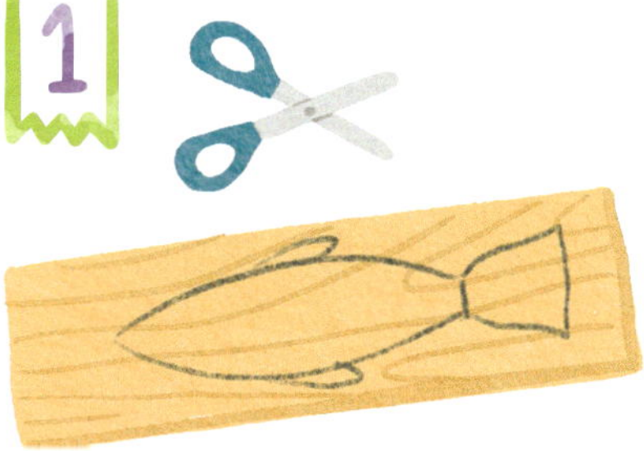

Dessine ton poisson sur la planchette. Un adulte le découpe.

2

Détache les écailles de pomme de pin et colle-les en ligne.

3

Décore le poisson : peins les yeux et la bouche, et des motifs. Laisse sécher.

Avec le bâton, frotte les écailles en rythme pour faire de la musique !

Conception : David Melbeck. Illustrations : Nathalie Ouederni (d'après des personnages créés par Pascale Bonenfant).

C'EST LE MOMENT DE...

ÉCOUTER

la petite **musique** du **printemps...**

Le vent dans les feuilles,
les chants des oiseaux,
les bourdonnements
des insectes, le glouglou
des ruisseaux...
Un vrai concert de la nature !

CROQUER

un petit **cœur**

La bourse-à-pasteur fabrique des fruits
en forme de cœur, au goût poivré.
Ne goûte rien sans demander.

OFFRIR

du **muguet** le 1er **mai**

Il pousse dans les bois.
On reconnaît bien ses clochettes
blanches. Trop jolies !

TROUVER un moro-sphinx

Ce butineur tout poilu déroule sa trompe pour aspirer le nectar des fleurs sans jamais se poser.

CUEILLIR des fraises des bois

Toutes rondes, toutes rouges et bien sucrées : un délice !

SURPRENDRE le pic vert

Il visite les fourmilières pour croquer des fourmis. S'il te voit, il file en criant !

Conception : David Melbeck. Illustrations : Ella Bailey. Photos : © Kulbabka p. 24h), © Oleksiy (p. 24b), © AnneGM (p. 25) - Adobe

À la recherche de Maman Grenouille

Tout est calme dans l'étang en ce doux matin de printemps. À la surface de l'eau, flottent de minuscules œufs, tout ronds. Peu à peu, de chacun d'eux sort un petit têtard.

- Mais où est notre maman ? s'étonne l'un d'eux.

En chœur, ils appellent :

- Maman ? Maman, où t'es ?

Pas de réponse.

Aussitôt, toute la bande part à sa recherche.

Tiens, voici quelqu'un qui nage habilement. Les têtards n'ont jamais vu leur maman, ils ignorent comment elle est, mais c'est sûr : elle sait nager.

- Coucou Maman, c'est toi ? lui demandent les têtards, tout excités.

- Mais non, s'amuse l'inconnue. Je suis un ragondin. Votre maman n'a pas de fourrure, sa peau est lisse. Et puis, les bébés ressemblent toujours à leurs parents, voyons.

Plus loin, ils rencontrent une autre habitante de l'étang, qui farfouille dans les algues. On dirait qu'elle a la peau lisse.

- Coucou Maman, c'est toi ? lui demandent les têtards, pleins d'espoir.

- Ah non, répond le poisson. Je suis une carpe. Votre maman n'a pas de nageoires, elle a les pattes palmées. Et puis, les bébés ressemblent toujours à leurs parents, voyons !

Les têtards poursuivent leur chemin.
Oh ! quelqu'un se prélasse à la surface.
Sa peau dure semble lisse et ses pattes palmées.
- Coucou Maman, c'est bien toi ? lui demandent les têtards sans hésiter.
- Pas du tout, rétorque l'animal, votre maman n'a pas de carapace. Et puis, les bébés ressemblent toujours à leurs parents, voyons.
- Encore raté, soupirent les têtards, dépités.

À cet instant, l'inconnue ajoute :
- Moi, je suis une tortue : la cistude... et j'adore les petits têtards dodus, miam !
Vite, pas question de se faire croquer ! Les têtards filent se cacher au fond de l'eau, en tremblant.
La cistude approche, elle va les trouver...
Finalement, elle remonte à la surface pour respirer.
Et puis elle abandonne pour aller paresser au soleil.
- Après tout, je n'ai pas très faim, soupire-t-elle.
- Ouf ! soufflent les têtards, en riant.

Un peu fatigués, ils atteignent le bout de l'étang.
Là, près des nénuphars, une autre habitante nage.
Elle a la peau lisse et les pattes palmées.
- Maman, c'est toi ? lui demandent les têtards timidement.
- Mais oui, mes bébés ! s'écrie maman grenouille.

Les têtards frétillent de joie. Mais ils s'étonnent :
- C'est bizarre, on ne te ressemble pas.
- C'est normal, vous allez beaucoup changer.
Vous me ressemblerez quand vous serez grands.
Et si je vous ai laissés seuls, c'est parce que je sais que vous êtes déjà forts et capables de surmonter des dangers. Je vous fais confiance !

Texte : Pascale Hédelin. Illustrations : Léonie Kœlsch.

BIENVENUE !

Club de Sam

Ma maman fait partie du centre Athenas, une association qui soigne les animaux sauvages blessés. J'ai la chance de les voir aussi !

Gabin 7 ans

Merci de me tenir compagnie pendant mon hospitalisation !

Calysse 5 ans

Waouh

Des guirlandes pour les oiseaux !

École de Saint-Éloy-de-Gy Moyenne section

LES GAGNANTS DU CONCOURS HIRONDELLE

Enora 7 ans

Juliette 4 ans

Swann 5 ans

ÉCRIS-MOI !

Facile, postez tout directement sur le site **petitesalamandre.org** ou envoyez un mail à **clubdesam@salamandre.org**

Petite Salamandre
France-Belgique : 34, boulevard Lazare-Carnot - 31000 Toulouse
Suisse : Rue du Musée 4 – 2000 Neuchâtel

Un cadeau à gagner si ton activité, ta question ou ton dessin est publié !

P'TIT +WEB petitesalamandre.org

Dessine un phoque sur la plage ! Participe au concours jusqu'au 28 mai 2025

FÊTE DES MARES

Festival

En famille

Participe aux animations pédagogiques organisées dans toute la France pour mieux connaître les mares ! Au programme : ateliers, sorties nature, expositions…

Du 7 au 15 juin 2025, snpn.com

Album documentaire

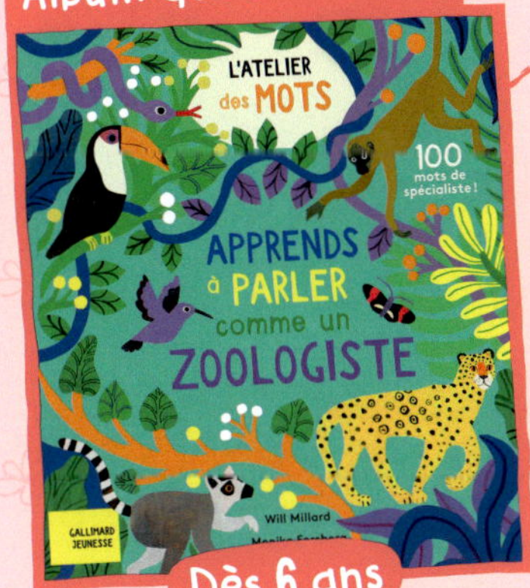

Dès 6 ans

APPRENDS À PARLER COMME UN ZOOLOGISTE

Prédateur, pollinisateur, bipède, herbivore… 100 mots sur la nature sont illustrés dans 20 grandes images ou paysages du monde entier ! Le plus ? Une définition simple des mots pour les comprendre et les mémoriser.

Gallimard jeunesse, février 2025

FORTES ET FLAMBOYANTES

Album

On entend souvent que les femelles sont moins grandes, moins majestueuses et moins capables que les mâles de devenir cheffes du groupe. Mais c'est faux ! Découvrez les héroïnes du règne animal !

Les éditions du Ricochet, mars 2025

Film

Dès 5 ans

AU FIL DE L'EAU

Traverser les océans du monde ou dégringoler du ciel : même une petite goutte d'eau vit de grandes aventures ! Des courts-métrages à découvrir au cinéma.

En salle le 9 avril 2025

LE LOIR PERD-IL VRAIMENT LA MOITIÉ DE SON POIDS EN HIVER ?

Orion 6 ans

En été, le loir passe son temps à grignoter.

Le petit rongeur mange et grossit... beaucoup !

Car quand vient le froid, il hiberne durant 7 mois.

Il survit grâce à ses réserves de graisses, qui diminuent petit à petit.

Il se réveille en avril, et a perdu la moitié de son poids...

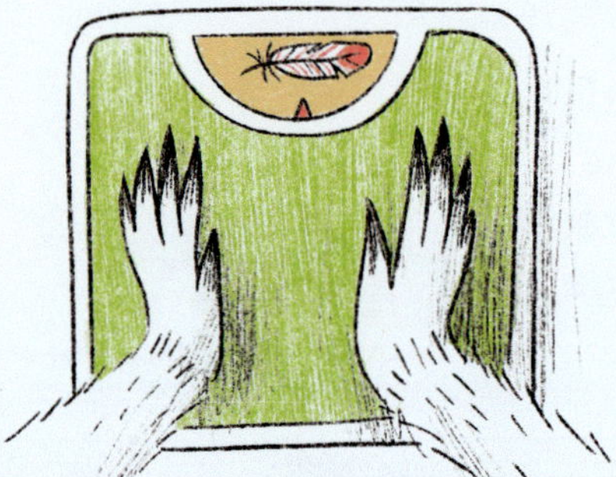

Ouf ! C'est le printemps : il trouve facilement à manger !

Illustrations : Stéphane Nicolet.

P'TIT + WEB petitesalamandre.org
Pose tes questions à Sam sur le sit

COMMENT FONT LES OISEAUX POUR RETROUVER LEUR NID PARMI TOUS LES ARBRES ?

Léanne 6 ans

Bonjour Léanne,
Tu sais, chaque arbre est différent, les oiseaux le voient bien.
Ils ont une excellente mémoire de tous les recoins de leur territoire et se servent de repères visuels : là une grosse branche, ailleurs un tronc ou un sentier…

EST-CE QUE LES INSECTES PEUVENT ATTRAPER DES COUPS DE SOLEIL ?

Candice 6 ans

Bonjour Candice,
La peau des insectes n'est pas fine comme la nôtre, donc ils n'attrapent pas de coups de soleil. Ils sont recouverts d'une carapace qui les protège. C'est le cas des coléoptères comme le bousier et la coccinelle.
Les chenilles et les larves, elles, peuvent se dessécher au soleil. Alors elles restent à l'ombre !

Photos : © worn-out_boots - iStock (p. 33h), © Henk - Adobe (p. 33b).

SOLUTIONS DES JEUX

Pages 8-9

GOÛTER FLEURI
Le chemin A.

MILLE ET UNE PATTES

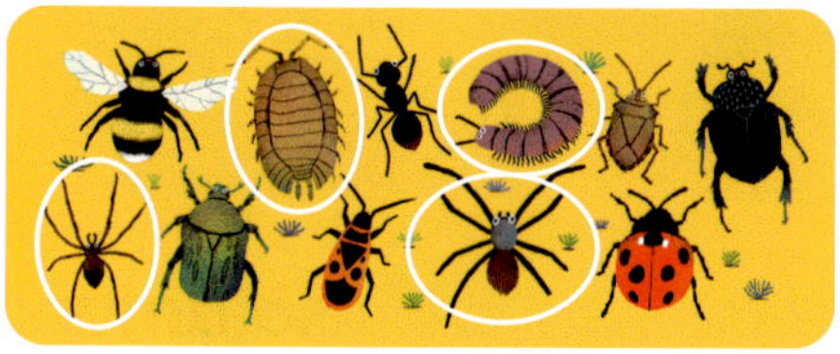

AU SOLEIL
L'ombre 2.

DEVINETTE
Le raton laveur.

petite salamandre 4-7 ans
N° 59 | Avril - mai 2025
10e année, bimestriel
Adresse Suisse
Petite Salamandre
Rue du Musée 4, 2000 Neuchâtel
Tél. : 032 710 08 25
info@petitesalamandre.org
Adresse France
Service Abonnement Salamandre
20 rue Rouget-de-Lisle
92130 Issy-les-Moulineaux
Tél. : 01 86 70 01 74
serviceclient@salamandre.org
Adresse Belgique et Luxembourg
Petite Salamandre / Forêt.Nature asbl
Rue de la Plaine, 9
B-6900 Marche-en-Famenne
Tél. : 084 313 116
info@salamandrebelux.net

Directeur de la publication Julien Perrot
Rédactrice en chef Agnès Barber
Rédactrice en chef adjointe Émilie Teixeira
1re secrétaire de rédaction Sandra Laboucarie
1re rédactrice graphiste Pauline Maury
Graphistes Laura Sevennes, Héloïse Bar
Conseillers scientifiques David Melbeck, Théo Tzélépoglou
Conseillère pédagogique Vanessa Aleyrangues
Correctrice Claire Debout
Illustratrice mascotte Élise Garcette
Codirecteur Baptiste Pfeiffer
Promotion & partenariats Charlotte Grimm, Vanessa Grémaux, Lionel Beutler, Hélène Huyghe, Jessica Maroulis
Abonnements & administration Mélanie Schafter Contini, Elsa Zilio, David Tensi, Martine Moulin, Vincent Palivoda, Mathieu Reber, Lisa Marie Richard-Bayet
Imprimeur L'Imprimeur Simon
ZI rue Noirichaud, 25 290 Ornans (France)
Petite Salamandre (encart compris) est imprimée avec des encres sans COV. Papier Symbol Freelife silk, origine Italie, 50 % de fibres recyclées, eutrophisation (P tot) 0,0046 kg/T.
Loi n° 49-956 du 16 juillet 1949 sur les publications destinées à la jeunesse.

IMPRIM'VERT®

FSC MIXTE Papier issu de sources responsables FSC® C041192 www.fsc.org

salamandre
Les Editions de la Salamandre Sàrl
Adresse Suisse
Rue du Musée 4, 2000 Neuchâtel
Adresse France
BP 75 - ZI rue Noirichaud, 25290 Ornans
Dépôt légal à parution
N° ISSN 2297-5063
N° CPPAP 0927 K 92835

BOUTIQUE SALAMANDRE

JEU

Fly home !

Fly home ! est un jeu coopératif qui mêle observation et mémoire, avec une petite touche de chance. Parfait pour en apprendre plus sur les oiseaux.

Durée de la partie : 20-30 min
1 à 4 joueurs
Un jeu Salamandre et Helvetiq

Dès 6 ans

LES COPAINS DE LA PETITE SALAMANDRE

Tome 1

Une super-compilation pour partir à l'aventure avec Sam. Tu feras d'étonnantes rencontres : une demoiselle coccinelle, une grenouille fripouille et même un hibou casse-cou !

Format : 18 x 18 cm, 100 pages
Un livre Salamandre

Dès 4 ans

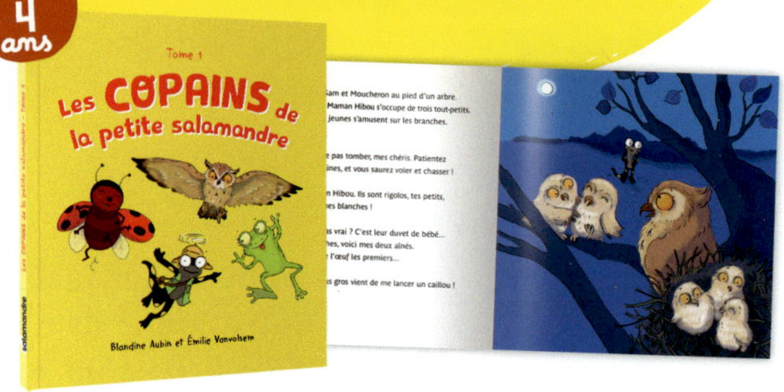

LE GUIDE NATURE

Les Oiseaux

50 nouvelles espèces et 120 dessins inédits ! De la mer aux sommets des montagnes en passant par les champs ou les villes, faites connaissance avec des oiseaux qui volent près de chez vous.

Format : 14 x 18,5 cm, 228 pages
Un livre Salamandre

En famille

AGIR POUR LA NATURE

Voici un nouveau guide pratique qui transforme balcon ou terrasse en un petit coin de nature tout en donnant un coup de pouce à la biodiversité.

Format : 16 x 22 cm, 184 pages
Un livre Salamandre

En famille

Nouveauté

salamandre

Prix et conditions de vente de ces produits sur le bulletin de commande ci-contre ou sur **boutique.salamandre.org**